V-23673

LA RELIURE D'ART - LIMOGES
2003

2628
B C

23673

FRAGMENS

D'UN

MÉMOIRE INÉDIT

SUR CETTE QUESTION

PROPOSÉE

EN L'AN VI PAR L'INSTITUT:

Quelles ont été les causes de l'excellence de la Sculpture antique, et quels seroient les moyens d'y parvenir ?

FRAGMENS
D'UN
MÉMOIRE INÉDIT
SUR CETTE QUESTION

PROPOSÉE

EN L'AN VI PAR L'INSTITUT :

Quelles ont été les causes de l'excellence de la Sculpture antique, et quels seroient les moyens d'y parvenir ?

*Tunc nostri tenuem secli miserebere sortem,
Cum spes nulla fiet rediturœ æqualis in œvum.*
DUFRESNOY, *de arte graphicâ.*

Par L. J. LE CLERC DUPUY.

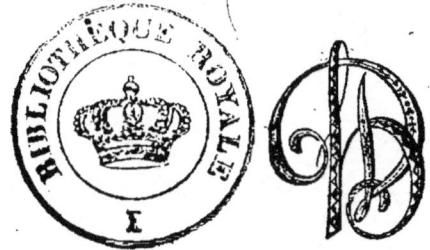

A PARIS,
DE L'IMPRIMERIE DE MADAME HUZARD
(née VALLAT LA CHAPELLE),
rue de l'Éperon-Saint-André-des-Arts, N°. 7.

1815.

AVANT-PROPOS.

Lorsque l'Institut de France proposa en l'an VI, il y a quatorze ou quinze ans, et mit au concours cette intéressante question : « *quelles ont été les causes de l'excellence de la sculpture antique, et quels seroient les moyens d'y atteindre ?* » il rendoit à l'art grec un hommage bien sincère. Les savans de ce corps illustre firent preuve de bonne foi, et les artistes de beaucoup de modestie : c'étoit reconnoître en effet la grande infériorité de l'art moderne. Mais les uns et les autres ne cherchoient que la vérité : l'amour-propre se tut chez eux, et ils donnèrent tout à l'amour de l'art. Cette conduite les honore, et prouve combien ils méritent de voir leurs constans efforts couronnés par des succès.

L'auteur du mémoire dont on présente ici quelques fragmens, a éprouvé et reconnu mieux que personne, combien cette manière de voir avoit de noblesse et de générosité, puisque nouvellement sorti d'une école étrangère, dans laquelle il avoit pendant dix années étudié les arts de la manière la plus indépendante, jeune encore, il ne craignit pas de dire aux artistes ses juges tout ce qu'il pensoit de l'art moderne; et ses juges, loin de lui savoir mauvais gré de cette franchise, encouragèrent ses efforts en accordant à son travail la mention honorable.

M. Giraud, sculpteur, non moins connu par ses talens, son goût pur et son amour pour l'art, que par la générosité avec laquelle il ouvrit au public une collection magnifique de plâtres antiques, lorsqu'on ne possédoit pas encore les originaux, composa, de concert avec M. Éméric-David, homme de lettres distingué, un mémoire considérable et plein d'excellentes choses. Le mérite de cet ouvrage a été reconnu : l'Institut lui a décerné la première palme ; et, comme il est imprimé depuis plusieurs années sous le titre de

Recherches sur l'art statuaire, chacun peut en jouir et s'instruire à cette intéressante école du bon goût. Nous avons lu depuis d'autres mémoires qui ont également concouru pour le même prix, et qui ont été imprimés. Plusieurs renferment des vues saines et judicieuses, et prouvent que leurs auteurs ont été inspirés par l'amour de l'art et le goût des belles choses.

Pour motiver jusqu'à un certain point la publication de ces fragmens, nous citerons ce que M. Giraud a dit dans son appendice aux *Recherches sur l'art statuaire*; voici comment s'exprime cet artiste distingué : « Lorsqu'en un genre aussi
» difficile on ne se tient pas aux généra-
» lités et aux lieux communs rebattus, et
» lorsqu'on veut scruter des causes très-
» cachées, causes que l'exercice de l'art
» et la méditation tout ensemble peuvent
» seules révéler, on est convaincu que la
» vie toute entière d'un homme ne seroit
» point de trop pour arriver au dévelop-
» pement de deux ou trois vérités. »

Persuadé de la justesse de ces réflexions qui annoncent l'artiste éclairé, l'artiste penseur, nous espérons que le public nous pardonnera de ne lui offrir pour le moment qu'un ouvrage mutilé ; c'est en faveur d'une vérité et d'un principe ou deux que nous réclamons son indulgence.

Porté par un goût naturel, nous dirions mieux, entraîné par sa passion pour les arts, l'auteur veut désormais consacrer son temps et ses peines à leur théorie, et éclairer cette théorie par la pratique. Il sent combien les lumières des artistes instruits peuvent contribuer aux succès de ses recherches, et à ses propres progrès : son but est de mériter leur estime, de rechercher et de cultiver leur amitié ; et il prie ceux auxquels il prend la liberté d'adresser ces fragmens, de ne les considérer que comme un très-foible hommage rendu à leurs mérites, et comme une sorte d'engagement qu'il contracte de faire mieux à l'avenir.

FRAGMENS

D'UN

MÉMOIRE

SUR LES CAUSES DE L'EXCELLENCE
DE LA SCULPTURE ANTIQUE.

PREMIER FRAGMENT.

Le goût du beau considéré comme une des causes de l'excellence de la Sculpture antique.

Une religion toute poétique et qui prêtoit au pittoresque, une constitution libre, tels sont les fondemens solides sur lesquels s'élevoit chez les Grecs l'édifice majestueux de l'art. Le goût du beau en ordonna et en embellit toutes les parties. Soit que ce goût du beau fût chez eux le résultat de remarques faites sur leur propre configuration, soit que l'heureuse température du climat eût contribué à le développer, toujours est-il certain que les Grecs l'ont possédé dans le plus éminent degré. Non contens d'étudier la beauté dans les êtres animés, de l'honorer, de témoigner pour elle une estime toute particulière, un respect même qui sembloit quelquefois tenir de l'idolâtrie, ils cherchèrent encore le beau moral, ce beau dont Cicéron dit : que si on pouvoit le contempler des yeux, il exciteroit des amours admirables. Leurs philosophes non moins fortunés que leurs artistes en découvrirent l'essence ; Socrate en détermina les traits avec précision, et le rendit visible aux yeux de ses disciples ; qui, épris à leur tour de ses charmes, en consacrèrent l'utile et l'attrayante image dans leurs immortels écrits. Le beau moral et le beau physique dûrent agir et réagir mutuellement l'un sur l'autre : mais ce dernier gagna sur-tout à sa liaison avec le premier. De cette action et de cette réaction l'on vit naître la grâce, qui n'est peut-être que le langage muet du beau moral. Cette grâce imprimée aux ouvrages de l'art devint une éloquence persuasive qui toucha les cœurs et enchaîna les esprits ; et tel fut l'avantage que l'art des Grecs, conduit, guidé par le goût du beau, retira de son commerce avec la philosophie.

La beauté chez les modernes a été moins connue et moins estimée ; elle semble même n'avoir été sentie que par l'instinct de la volupté qui se l'est plus particulièrement appropriée, sans que l'art qui auroit dû la considérer comme son bien propre, ait jamais fait de grands efforts pour la revendiquer. Le beau moral, il est vrai, a été moins négligé. Shaftesbury est un des premiers qui, imbu de la doctrine de Platon, a su nous en retracer tous les charmes. Quelques grands hommes dans ces derniers temps se sont aussi distingués par leur application à le chercher et à le rendre pour ainsi dire palpable. Mais on ne voit pas qu'il y ait eu jusqu'à présent une liaison sensible par l'entremise de l'art entre le beau moral et le beau physique. L'artiste s'est contenté d'exprimer ce dernier tel qu'il s'est rencontré dans les individus ; et le philosophe s'est borné à l'étude du premier. Aussi nos gens de lettres ont-ils été beaucoup moins connoisseurs dans l'art que les anciens écrivains, dont les ouvrages nous montrent qu'ils en connoissoient l'essence et même les procédés. Les écrivains modernes, à peu d'exceptions près, quand ils ont parlé de l'art, l'ont fait ordinairement en termes si généraux et si vagues, que l'on sent tout de suite qu'ils ont été peu initiés à ses mystères. D'un autre côté, les artistes modernes ont eu en général trop peu de connoissance du beau moral, et l'on s'aperçoit également à la première vue, que les êtres humains qu'ont produits et le ciseau et le pinceau, ont rarement été à l'école du philosophe. Ce commerce réciproque entre l'artiste et l'homme de lettres seroit cependant à leur avantage mutuel : ils s'entr'aideroient dans la recherche du beau. L'homme de lettres auroit souvent la satisfaction de voir réaliser par le secours de l'art des idées et des pensées que toute la force de l'élocution ne peut rendre ; quelquefois même il feroit passer dans ses écrits ces images sensibles et frappantes, qui décrivent à l'entendement avec non moins de force que les types originaux, effets surprenans de l'art, ne parlent aux yeux. Cette action et cette réaction de l'art sur les lettres et sur la philosophie, et de ces deux dernières sur l'art, avoit indubitablement lieu chez les anciens; leurs orateurs, leurs philosophes font de fréquentes allusions aux beaux arts ; et, comme l'a remarqué Webb, les poëtes en ont souvent emprunté leurs plus belles comparaisons, et il est tels de leurs tableaux et de leurs images, qui paroissent autant de descriptions des ouvrages de l'art qu'ils avoient sous les yeux.

Le goût du beau fortifié chez les artistes

grecs par leur commerce avec tous les grands hommes, avec les premiers de l'état, les philosophes et les personnes lettrées, fit qu'ils ne s'en tinrent pas seulement à l'expression du beau naturel, animé même par le beau moral; mais que par un généreux effort ils s'élevèrent encore jusqu'au beau sublime; c'est-à-dire ce beau qui, dégagé et épuré en quelque sorte des affections et des formes humaines, en emprunte (suivant l'ingénieuse remarque de Winckelmann, dans sa description de l'Apollon) seulement ce qu'il faut pour se rendre sensible.

Ce beau, qu'on peut regarder comme l'exaltation de ce que la nature comporte de mieux, soit au physique, soit au moral, adapté en outre à de grandes circonstances, fut imprimé de bonne heure aux ouvrages de l'art; et les divinités du premier ordre en furent généralement revêtues. C'est ainsi que le Jupiter de Phidias parut un être infiniment grand, infiniment puissant, infiniment auguste, infiniment bon et sage. L'artiste, qui connoissoit son symbole à fond, chercha dans la créature les traits épars et caractéristiques de ces différentes qualités. Il est certain que plus ces qualités se manifestent dans l'homme, plus elles nous paroissent avoir quelque chose de surnaturel et de divin, qui imprime le respect et inspire l'amour. Par une sage combinaison, la juste proportion et l'exagération quelquefois nécessaire de ces différens traits, l'art offrit enfin la merveille d'un Dieu créé par la main de l'homme. Ce beau sublime fut réparti aux autres divinités en raison de leur rang, de leur génération et de leurs attributs; mais aucune ne le posséda aussi pleinement que le père des dieux. Quand on compare les têtes et les statues de Jupiter à celles des autres divinités, ce dieu nous paroît comme un maître, comme un père de famille dont le regard auguste et plein de bonté s'étend avec complaisance sur tous ses enfans. Les autres divinités nous offrent à peine les nuances légères des passions humaines. Ainsi Pallas, sa fille chérie, le verbe ou la sagesse, qu'il a engendrée de lui-même, paroît jouir de ce calme et de ce repos intellectuel (1) qui est l'apanage de la divinité et le fruit d'une connoissance souveraine. Ce

---

(1) Virgile nous représente Pallas privée de ce repos ou de ce calme :

Agidaque horrificam turbatæ Palladis arma.
Virg. Æneid.

calme et ce repos, comme l'a remarqué Winckelmann, est singulièrement propre à la beauté; mais je le crois plus nécessaire dans le visage, qui est le miroir de l'âme, que dans les autres parties du corps qui peuvent être mises en action, et conserver néanmoins tous les caractères de la plus sublime beauté. Voilà une distinction que je ne sache pas avoir été faite par cet habile homme, qui insiste beaucoup sur la nécessité de ce repos et cette décence de maintien, qui paroît même douter que des figures en action soient susceptibles de la haute beauté. Il est vrai que le Jupiter de Phidias étoit assis; mais ne voyons-nous pas en pierre gravée le fragment d'un Jupiter ἀστεροπητής ou fulminant, qui, armé de la foudre et les bras étendus, paroît fendre l'espace avec la vitesse de la pensée? L'action ne nuit aucunement à la beauté frappante dont il est revêtu. Ce fragment admirable est sans contredit une des plus sublimes conceptions du génie grec.

Quant à la décence de maintien à laquelle dérogent les jambes croisées (suivant Winckelmann), je remarquerai que l'on voit dans la composition d'un bas-relief qui a tous les caractères de l'antique, un Jupiter représenté les jambes croisées, assis à côté de Junon et recevant les supplications d'un mortel. Je ne puis m'empêcher de citer ici le camée d'Athénaion, dont l'inspection seule nous montre combien le goût du beau chez les Grecs étoit relevé. En effet si le sublime, suivant Longin, est ce qui nous frappe, nous étonne et nous ravit; cette composition y a plus d'un titre. Le père des dieux, tenant son sceptre d'une main, s'incline modérément pour lancer de l'autre et diriger son tonnerre. Il est monté sur un char attelé de quatre chevaux fougueux : rien ne peut résister à ce tourbillon de force divine, qui renverse dans son cours tout ce que la terre a enfanté de plus terrible. L'un des monstres, déjà vaincu, roule et expire sur l'arène; l'autre, grinçant des dents et écumant de rage, tente une résistance inutile. Le premier des coursiers immortels, effrayé à l'aspect du monstre et de ses serpens, se cabre : les deux qui se trouvent au milieu, poussés d'une fougue étonnante, se précipitent en avant; le quatrième semble vouloir, d'un bond prodigieux, s'élancer jusqu'au pôle du monde. Il n'y a rien d'étroit ni de borné dans cet ouvrage; tout y est pris au large; l'échelle en est immense; tout s'y meut avec une force irrésistible. L'exécution en paroît âpre et rude, mais savante pour ce qui concerne les plans. Des figures sans mouvement, ou du moins qui n'en ont que peu, sont plus susceptibles d'être travaillées dans le style de Dioscoride; mais dans des corps poussés d'une grande vitesse, on doit moins s'attendre à distinguer le poli et le fondu des formes et des surfaces.

Par de semblables élans l'art avoit pénétré jusque dans l'Olympe : il en dévoila toutes les merveilles. La beauté sublime devint l'étude principale des artistes du temps de Phidias. Le caractère et les formes de toutes les divinités furent plus exactement déterminés; mais comme Jupiter lui-même quitte souvent le séjour céleste et la compagnie des dieux pour descendre sur la terre, où, déguisé sous diverses formes, il cherche à tromper et à séduire les beautés mortelles, de même l'art, après avoir entretenu commerce avec les dieux, redescendit parmi les hommes, et passa de l'étude du beau sublime et sévère à celle du beau naturel, du beau attrayant. Cette révolution dans l'art ne doit pas être attribuée seulement à une réforme projetée par les artistes; elle fut une suite de celle arrivée dans la façon de penser des Grecs, qui avoit déjà beaucoup dégénéré.

Il faut convenir cependant que l'expression du caractère de la beauté sublime avoit été en quelque sorte épuisée, et qu'elle ne pouvoit tout au plus être que nouvellement modifiée, comme dans l'Alexandre tonnant d'Appelle. Aussi les artistes, entraînés par de pareils motifs, et sur-tout par les circonstances, s'attachèrent-ils particulièrement à rendre la beauté attrayante. Ils ne réussirent pas moins dans cette dernière que leurs prédécesseurs n'avoient fait dans la première; et Praxitèle, Lysippe et Purgotèle, enfantèrent de nouveaux miracles. Mais l'art nouveau fut à l'art ancien ce que la volupté est à la sagesse; aussi peut-on dire que l'art offrit en quelque sorte l'état des mœurs de la Grèce.

Dès les temps les plus reculés le goût du beau s'étoit manifesté chez les Grecs par le vif intérêt que prirent à la beauté tous les grands hommes. Dans les temps héroïques même on voit qu'elle devint le lien sympathique qui unit plusieurs héros. Théocrite, dans son Idylle XIII, intitulée *Hylas*, s'écrie : « Nous ne sommes pas les premiers à qui les belles choses ont paru telles. Le fils d'Amphitryon,

Hercule au cœur d'airain, qui combattit le lion de Némée, aima aussi le jeune Hylas à la belle chevelure : il lui montra tout, comme un père à un fils chéri, pour qu'il pût retirer de ses instructions et profit et gloire. Il ne le quittoit jamais, afin qu'instruit suivant sa pensée, et pratiquant auprès de lui des leçons de sagesse, il pût devenir un jour un homme fort et vertueux. » Ces grands hommes, prévenus en faveur de la beauté, cherchèrent à lui donner plus de lustre en y joignant le beau moral. Ainsi le goût du beau semble avoir été antérieur à l'art. Beaucoup de personnes cependant l'ont regardé comme une de ses conséquences; mais c'est faute d'avoir remarqué qu'il date, chez les Grecs, de la plus haute antiquité. Il se range donc naturellement au nombre des causes qui ont contribué à la perfection de la sculpture antique.

SECOND FRAGMENT.

Partie d'un plan d'étude à suivre dans l'art moderne.

A l'aide des établissemens dont nous venons de parler, l'art ne pourroit manquer d'atteindre à un degré de perfection inconnu jusqu'à cette heure; et ses progrès seroient d'autant plus solides, que le plan d'étude et le genre d'instruction adoptés dans les écoles seroient plus raisonnables. Il est peu d'artistes qui n'aient à regretter des mois et des années perdus en de faux plans d'étude. Ce ne seroit pas rendre un service médiocre à ceux qui entrent dans la carrière de l'art, que de leur tracer une route à l'aide de laquelle ils pussent moins s'égarer, et parvenir plus tôt au but qu'ils se proposent : ce seroit en rendre un plus grand encore à l'art moderne en général, et au peuple qui veut le cultiver, que de déterminer un plan d'étude qui tendît moins encore aux progrès individuels des artistes qu'à ceux de l'art même. Cette distinction est délicate, et mérite le plus sérieux examen.

Si, en se pénétrant bien de toutes les difficultés de l'art, et en prenant la ferme résolution de les vaincre, on vient à sentir que, pour arriver à une imitation exacte et savante de la belle nature, il faut nécessairement analyser l'objet à imiter, et faire passer cette méthode analytique dans l'exécution, on aura trouvé en quelque façon la clef de l'art, et on ne tardera pas à s'apercevoir que plus l'analyse sera exacte et déterminée dans ses moindres parties, plus la connoissance sera claire et distincte, et plus l'imitation, se ressentant de cette qualité, s'assimilera au type original. Mais comme dans un objet très-compliqué, tel que le corps humain, cette analyse doit être fort longue pour être bien faite, il arrive qu'on se dégoûte aisément d'une méthode fastidieuse, et qu'on cherche à généraliser surtout dans l'exécution; et c'est là ce qui arrête les progrès de l'art, quoique, par ces méthodes incomplètes, certains artistes se fassent une manière facile et brillante. Il seroit aisé de donner un plan d'étude, par lequel les élèves parviendroient (à leur exemple) à exécuter avec rapidité des ouvrages d'une force relative, mais qui seroient toujours fort éloignés du degré de perfection auquel ils doivent tendre. Ce plan est malheureusement celui qui a été le mieux connu et le plus suivi. Le défaut d'analyse exacte a fait naître ces manières larges, ces traits hardis, et toutes les particularités qui ont distingué certains maîtres et certaines écoles de l'art moderne. Comme on envisage plutôt le profit qu'on peut retirer de ses ouvrages que la perfection de l'art, on s'attache sur-tout à trouver des méthodes expéditives; l'analyse se fait moins bien, et l'art reste toujours en arrière.

L'art moderne ressemble en ce point à l'art antique dans sa décadence. Les premiers maîtres, chez les Grecs, sentirent toutes les difficultés attachées à la pratique de l'art; et, ne perdant pas de vue sa perfection, ils établirent, pour l'exécution, des règles et des maximes calquées en quelque sorte sur les procédés mêmes de la nature. Ils se persuadèrent, avec raison, que plus l'art définit exactement son modèle, plus la ressemblance doit être juste : l'art dut, en conséquence, embrasser plus de parties dans l'exécution, et l'exécution elle-même devenir plus difficile. Ils ne se contentèrent pas d'une méthode synthétique, qui, en embrassant le tout sans la recherche pénible des parties, leur auroit donné des résultats semblables à ceux que présentoit l'art chez les Égyptiens, qui se contentoient de masser. Ils furent heureux, peut-être, de n'avoir pas sous les yeux des ouvrages supérieurs, qu'ils auroient cherché à imiter sans trop connoître les raisons secrètes de leur excellence, et dont la vue (en supposant même qu'ils eussent persisté dans leur premier plan d'étude), les auroit infailliblement découragés de la poursuite de principes qui, tout solides qu'ils pussent être, ne les auroient pas immédiatement fait parvenir au même degré de perfection.

Les premiers essais de l'art, chez les Grecs, furent durs, secs et trop ressentis. Cette dureté n'étoit pas dans la nature ; elle fut seulement l'effet d'une méthode solide, par laquelle les artistes cherchoient à se rendre raison de tout, en accusant chaque partie, et en les prononçant fortement. Ils ne voyoient pas les objets moins beaux que les modernes ne les voient ; mais, ayant une théorie plus profonde, ils la faisoient toujours concorder avec la pratique, et, ne se contentant pas, comme ces derniers, d'une représentation brillante, mais foible, vague et peu correcte, ils préférèrent être durs en commençant, pour être savans par la suite.

Dans un siècle de décadence, le fardeau de l'étude devenant trop pesant pour de foibles génies, on chercha, comme chez nous, des méthodes abrégées, et l'art périt. C'est dans ce sens, je crois, qu'on devroit entendre ce passage de Pétrone, si peu compris des commentateurs, et dont Winckelmann a donné une explication plus ingénieuse que solide : *Pictura quoque non alium exitum fecit, cùm Ægyptiorum audacia tàm magnæ artis compendiariam invenit.* Et la peinture n'eut pas un meilleur sort, quand l'audace présomptueuse des Égyptiens eut inventé une méthode abrégée pour la pratique d'un art aussi grand. Il semble que, par *compendiariam*, on pourroit entendre une méthode abrégée d'étudier et de pratiquer l'art, méthode qui, en évitant aux artistes des études longues et pénibles, leur facilitoit l'exécution de leurs ouvrages.

Winckelmann, qui avoit hésité long-temps sur le sens de ce passage, se détermina enfin, d'après la découverte qui fut faite à Herculanum d'un certain genre de peintures d'ornemens, à croire que ce mot de *compendia-*

riam exprimoit cette espèce de peinture, où les figures distribuées en grand nombre, et réduites à de petites proportions, offroient comme un abrégé de cet art. Cette explication est fort recherchée. La première est plus simple et plus naturelle, et paroît même s'accorder avec le génie de la sculpture égyptienne, qui étoit aussi une espèce de *compendium* ou d'abrégé de l'art, puisque les statuaires égyptiens ne travailloient guère que les masses, sans traiter les détails de leurs figures.

Ces méthodes abrégées sont pernicieuses aux progrès de l'art, qui étant une imitation de la nature, doit être en quelque sorte infini comme elle. Il ne faut pas espérer de le voir parvenir jamais au degré d'excellence où les Grecs l'ont porté, tant que ces méthodes seront en vogue, et que les artistes chercheront moins la perfection de l'art que leur intérêt particulier. Il en est peu auxquels une voix secrète n'ait dit souvent : qu'ils devoient suivre un plan d'étude plus raisonné. Mais les difficultés les ont rebutés ; ils ont été superficiels. Quelques autres, pour avoir étudié l'antique, ont cru avoir tout fait. La facilité qu'une grande habitude de modeler, ou de dessiner d'après l'antique, leur avoit acquise, leur a tenu lieu de science ; ceux-ci sont devenus imitateurs.

Tel est précisément l'état de l'art parmi nous. Dans l'étranger on a assez plaisamment nommé notre manière de traiter l'art, le goût français-grec ; ce n'est pas que les autres nations ne soient plus ou moins tombées dans le même défaut, et qu'on ne puisse, par exemple, qualifier de goût anglo-grec la manière anglaise de pratiquer l'art. Mais il se peut qu'une teinte de génie national plus fortement prononcée chez nous que chez d'autres peuples, et qui se sera conservée dans nos imitations de l'antique, ait provoqué de leur part cette définition satirique. Au reste, comme elle importe une remarque judicieuse et vraie, nous ne devons pas savoir mauvais gré à ceux qui l'ont faite ; elle doit nous faire sentir combien nous avons jusqu'ici fait peu de progrès, et combien nous sommes inférieurs à l'art grec que nous avons pris à tâche d'imiter. En effet, si nos productions dans l'art venoient à subir le sort des ouvrages grecs, et s'il arrivoit qu'après avoir demeuré ensevelies avec ces derniers pendant des siècles, elles reparussent avec eux à la lumière en fragmens ou en entier chez quelque peuple nouveau, avide de connoissances, et doué du goût des belles choses, croit-on qu'il ne sauroit pas faire une différence de l'antique français-grec, anglo-grec, ou de tout autre? Il la feroit sans doute cette différence, et plus aisément encore que les connoisseurs de nos jours n'ont fait celle des imitations du siècle d'Hadrien d'avec les ouvrages des temps antérieurs. Mais, dira-t-on, l'antique étant, de l'aveu général, la règle du beau et pour la forme et pour le caractère, ne doit-on pas chercher à l'imiter, et à faire entrer cette étude dans un plan d'instruction pour les élèves? Il n'est pas douteux qu'il ne faille étudier l'antique, et l'étudier même sérieusement. Il est inutile à présent de poser en question lequel est préférable d'étudier l'antique ou la nature : il faut étudier l'un et l'autre ; mais c'est la nature qu'il faut plus particulièrement et plus strictement imiter, et c'est en profitant des travaux de nos prédécesseurs, des maximes qu'ils ont établies, en suppléant même par de nouveaux moyens aux ressources qu'ils avoient pour cette étude, et qui nous manquent, que nous devons parvenir à cette imitation.

Tout le monde sait qu'une des principales causes de l'excellence des Grecs dans l'exécution, a été l'occasion fréquente qu'ils avoient de voir et d'étudier le nu dans les gymnases et tous les lieux publics où les athlètes, les lutteurs et la jeunesse s'exerçoient. En rentrant dans leur atelier, où ils avoient encore des modèles choisis, ils faisoient plus aisément passer sur leurs ouvrages des mouvemens, des traits de beauté et des formes qu'on ne peut saisir que dans la nature agissante. Nos modèles gagés ne peuvent suppléer que foiblement aux avantages que devoit leur procurer la vue constante de figures de tous les tempéramens et de tous les âges, toujours variées dans leurs attitudes et leurs actions, et dévoilant sans cesse par leurs mouvemens divers, le jeu des muscles. Les modernes, privés de pareils avantages, ne doivent pas se flatter de pouvoir jamais les égaler dans la représentation d'une nature qui ne se découvre point à eux comme elle se découvroit aux Grecs : ils se trompent s'ils croient y parvenir par l'imitation seulement ; elle les laissera toujours fort au-dessous de leurs modèles. L'art des Grecs porte une empreinte et un caractère pour l'exécution et pour la composition, que l'art moderne ne revêtira jamais avec succès, tant que nos mœurs, nos opinions, nos habitudes seront différentes des leurs. Ce n'est donc pas à imiter les Grecs purement et simplement, que doivent tendre les efforts de nos artistes; mais c'est à donner à l'art moderne un caractère original qui lui convienne. Léonard de Vinci et Michel-Ange avoient soupçonné la possibilité de créer ce nouveau style : la manière dont ils ont traité l'art nous engage à le croire. Si les écoles d'Italie avoient marché sur leurs traces, et su profiter des idées et des découvertes de ces grands hommes, l'art moderne auroit pris un caractère marqué, un style qui lui auroit été propre, au lieu qu'il en a manqué jusqu'à présent, ou du moins n'en a pas eu d'autre que celui de l'imitation qui est le plus suivi.

L'étude approfondie du corps humain et la géométrie peuvent seules nous faire parvenir à ce style nouveau dans l'exécution. Les belles-lettres et le commerce des artistes avec les savans, pourront les aider pour l'idéal de l'art et la composition. Cette étude du corps humain est d'autant plus nécessaire aux modernes, qu'elle doit remplacer pour eux les avantages qu'avoient les anciens dans l'étude du nu, et dont ils sont privés. La géométrie sera d'un grand secours à l'art, parce qu'une science qui accoutume l'esprit à ne se point contenter d'une connoissance superficielle des choses, et lui fait désirer une démonstration en tout, doit avoir un rapport merveilleux avec des arts tels que la peinture et la sculpture, qui sont comme une démonstration continuelle des objets, et dans lesquels la démonstration doit être si palpable et si frappante. Les artistes grecs étoient géomètres : nous savons que l'un d'eux, Pamphyle, disoit : qu'il n'étoit guère possible de faire des progrès solides dans l'art sans le secours de la géométrie. Quant à l'anatomie, je doute qu'elle ait été généralement pratiquée par les artistes grecs ; il n'y a rien de bien authentique qui puisse nous confirmer qu'ils aient disséqué des corps. Les auteurs qui font des allusions si fréquentes aux ouvrages de l'art, souvent même aux procédés suivis dans leur exécution, n'auroient pas manqué de nous instruire d'un point aussi important. Winckelmann, qui étoit plus à portée que personne, par sa vaste érudition, de faire les recherches nécessaires à ce sujet, n'en dit rien dans son histoire de l'art. Il conjecture seulement que Lysippe ayant amené une réforme dans l'art, et adouci les angles saillans et les formes tranchantes du style sublime, aura dû la perfection de sa nouvelle méthode à la pratique de l'anatomie. Mais on pourroit précisément en inférer tout le contraire, parce que l'étude de l'anatomie, loin de faire radoucir les formes, porte plutôt à les ressentir. Il faudroit supposer d'ailleurs que le Jupiter olympien, et quantité d'autres productions célèbres, eussent été faites sans ce secours; ce qui est très-probable. On se confirmera dans cette opinion, si on considère attentivement les ouvrages des temps les plus reculés : comme ils sont fortement prononcés, on croira d'abord qu'ils prouvent le contraire de ce que j'avance; mais malgré toute cette ostentation de formes, on reconnoît visiblement, par l'interruption des plans des principaux muscles, que leurs auteurs n'avoient point disséqué et ne connoissoient d'autre anatomie que celle qu'ils apprenoient sur le modèle dans des attitudes forcées (1). Cependant, les plus belles statues, telles que l'Apollon, le Laocoon, le Gladiateur, la Vénus et quelques

---

(1) Une étude longue et suivie des pierres gravées, où l'art se lit peut-être avec plus de certitude encore que dans les grands ouvrages, peut nous convaincre de cette vérité.

autres, nous montrent dans leur exécution une grande justesse anatomique; au point même que si on les compare avec l'Écorché, on y découvre sans difficulté tous les muscles, et qu'on en suit les plans jusqu'à leur origine ou leur insertion. Des observations réitérées sur le nu et la grande habitude de le voir en action, peuvent avoir donné aux artistes grecs cette justesse et cette précision, sans qu'ils aient eu besoin de recourir à la dissection des corps. Au reste, qu'ils aient pratiqué ou non l'anatomie, elle leur étoit moins nécessaire qu'à nous, pour qui elle devient si indispensable, qu'on peut raisonnablement affirmer que, tant que l'art moderne ne la prendra pas, ainsi que la géométrie, pour bases de toutes ses productions, il n'arrivera jamais à rien de nouveau, de grand ni de solide.

La méthode analytique dont j'ai parlé, et qui est si nécessaire pour l'exécution, ne peut s'acquérir que par une étude profonde de cette science, qui n'étant elle-même qu'une analyse des parties qui composent le corps humain, fixera notre attention sur chacune séparément, et nous montrant leurs formes distinctes, leurs usages, et nous dévoilant en quelque sorte les intentions même de la nature, nous en facilitera la représentation, donnera au ciseau et au pinceau une force créative, une puissance inconnue jusqu'à cette heure de manifester des formes dont le commun des artistes soupçonne à peine l'existence dans le corps humain, que la nature cependant n'y a pas indiquées sans raison, et qui contribuent toujours, suivant leur plus ou moins d'apparence, à imprimer à la figure humaine les divers caractères de grandeur, de force, d'élégance et de souplesse.

Ainsi, l'artiste saura rendre un front penseur, quand il aura remarqué que la pression continuelle des différentes portions du cerveau contre le front, y cause à la longue des convexités, qui, légèrement indiquées dans la femme, se montrent plus sensiblement dans l'homme, sur-tout en raison de l'usage qu'il fait de cet organe de la pensée. Cette connoissance intime et raisonnée des parties constituantes du corps humain, et le pouvoir qui en résulte de les reproduire dans les ouvrages de l'art, venant ensuite à être dirigés par un esprit géométrique, l'art s'élevera une seconde fois au-dessus de la nature. Les anciens la surpassèrent par le choix des belles parties prises sur divers sujets, et refondues en un seul tout. Les modernes y parviendront par une analyse plus savante et plus détaillée, qui, en les initiant en quelque sorte aux secrets de la création et des idées intentionnelles des formes, leur fera maîtriser la nature dans les productions de l'art, et les rendra arbitres de l'art même.

De ce qu'on retrouve l'écorché dans tous les ateliers, et de ce qu'on a publié quelques traités anatomiques à l'usage des artistes, on seroit tenté de croire que ces derniers font une étude sérieuse de cette science. Mais, en général, rien de plus superficiel que leurs connoissances de ce genre. On croit savoir l'anatomie quand on a fait quelques dessins d'après l'écorché, et qu'on a assisté à quelques dissections. On se donne rarement la peine de commencer par l'ostéologie; ou, si l'on en prend quelques notions, c'est plutôt dans les livres que sur le squelette; et par ce moyen on n'apprend que des noms. Il ne suffit pas, comme le disent quelques professeurs de l'art, de faire un dessin de chaque os séparément: il faut en faire vingt. Un mois, une année, ne suffisent pas pour cette étude. Les os forment la charpente du corps, et se montrent dans les articulations sur-tout. Ils ont chacun une configuration particulière qui est très-difficile à saisir. Les tubérosités, les plans nombreux qu'ils présentent aux épiphyses, quoique en partie recouverts par les ligamens, les tendons et la peau, se distinguent cependant dans le modèle, et il faut les connoître à fond pour les bien rendre. Il n'y a peut-être pas un seul artiste qui connoisse parfaitement la tête du squelette. Aussi ce manque de connoissance se fait-il sentir dans toutes les productions modernes; les plus célèbres même décèlent quelquefois les études imparfaites de leurs auteurs : rarement la tête des figures paroît sortie d'un moule anatomique, elle n'offre point de caractère ostéologique. Le géométral est encore moins observé dans nos figures : les anciens étoient si scrupuleux sur cet article, qu'ils ont préféré être durs et secs plutôt que d'y manquer en n'indiquant pas strictement les plans. C'est ce que l'on voit dans différens bas-reliefs auxquels cette exactitude géométrique donne une certaine dureté, qui déplaît cependant moins à l'homme de goût, que tout le moelleux affecté d'une exécution d'ailleurs moins correcte.

TROISIÈME FRAGMENT.

Des lignes ou du trait. Remarque sur une opinion avancée par Diderot, *dans ses Essais sur la Peinture.*

Il semble que les modernes ne voient que des lignes et des contours là où ils ne devroient considérer que des quantités ou des solides. Il est bon de remarquer à ce sujet l'erreur dans laquelle sont tombés plusieurs artistes. Accoutumés dès l'enfance à considérer le trait comme indispensable pour la création de la figure, ils ont laissé cette opinion prendre un tel empire sur leur esprit, qu'ils n'ont jamais exécuté de figure que par le trait; c'est-à-dire que, soit en composant, soit en dessinant, c'est le contour qu'ils ont principalement envisagé : le contour, chez eux, est devenu générateur de la figure. Il est cependant incontestable que ce n'est point le contour qui crée la figure, mais qu'il en est seulement le résultat. On demande aux élèves de circonscrire leurs figures par un trait correct avant que de les terminer : n'est-ce pas, à la rigueur, leur demander de finir avant que de commencer ? De ce qu'un trait correct facilite beaucoup l'exécution d'un dessin ou d'un bas-relief, on en a conclu que le trait étoit tout, qu'il falloit commencer par le trait. Ainsi les professeurs ne se lassent pas de recommander cette correction du trait aux élèves. J'ai vu dans une académie blâmer un jeune homme qui, en dessinant d'après nature, s'astreignoit moins au trait qu'à la recherche et à l'expression des quantités. Son dessin, d'abord méconnoissable par la multiplicité de lignes tirées en tout sens dont il étoit embrouillé, se développoit bientôt sous des formes et des proportions supérieures en grandeur, en beauté et en justesse, à tout ce qui se faisoit dans l'école, et finissoit par arracher au maître cet aveu : « Qu'il avoit une manière originale qui promettoit beaucoup, mais qu'il ne savoit pas jusqu'où elle le meneroit. » Le fait est, que le jeune homme étoit mieux pénétré du géométral que les autres disciples, et qu'il s'embarrassoit peu des moyens, pourvu qu'il le fît sentir dans son ouvrage.

Celui qui considère les contours plutôt que les quantités, n'est jamais assuré de ce qu'il fait, sur-tout en modelant ou en dessinant d'après nature, parce que, même dans une attitude de repos, le modèle n'est jamais parfaitement tranquille, que la respiration augmente ou diminue la capacité du thorax et de l'abdomen, influe sur les *serrati* et sur plusieurs autres muscles. Les contours sont plus aisés d'après une statue, qui, toujours immobile, donne à l'artiste la facilité d'en former un trait plus correct. Cependant si la statue est d'une exécution très-savante, telles que sont les plus belles antiques, et le torse en particulier, le contour en devient alors très-difficile à saisir ; et pour les dessiner et les modeler avec succès, il faut les considérer plutôt sous le rapport des quantités que sous celui des contours. En effet ces figures, et le torse en particulier, paroissent être dans leur exécution le résultat d'une connoissance profonde des parties constituantes du corps humain, combinée avec la géométrie. L'artiste, en l'exécutant, songeoit bien moins aux contours, qu'il ne cherchoit à ajouter des grandeurs et des quantités proportionnellement les unes aux autres. La beauté, le moelleux et le coulant des contours n'étoient que le résultat d'une proportion raisonnée et d'une savante distribution de toutes les parties de la figure. Ce sont cependant ces contours qui font le désespoir du dessinateur, et qui trompent également son œil et sa main : c'est qu'en s'efforçant de les tracer il s'attache à des effets sans en rechercher les causes; c'est qu'il n'envisage que le fuyant des lignes, tandis qu'il devroit considérer les solides ou quantités, commencer par les déterminer, et laisser le contour se former de lui-même.

En insistant sur la nécessité d'étudier les quantités, je ne prétends pas blâmer l'usage du trait; il est fort utile, aux peintres surtout. Je voudrois même que tout artiste pût contourner une figure du premier coup et sans s'arrêter. Annibal Carrache dessinoit ainsi le Laocoon. A son exemple, les maîtres et les élèves devroient apprendre par cœur les plus belles antiques, et se rendre capables d'en former le trait sous divers aspects. Cependant il est un danger à éviter, quand on a une fois acquis cette facilité de faire des traits d'après l'antique, danger qui fait échouer une infinité d'artistes, sur-tout depuis que le style d'imitation est en vogue; c'est qu'on ne forme à la hâte et de réminiscence, des figures peu raisonnées, et qu'on n'amalgame ensemble des formes disparates. On doit donc, en s'exerçant aux traits, ne jamais perdre de vue que le contour n'est pas générateur de la figure, mais qu'il est créé par elle, et qu'il en est comme le résultat. Je me suis permis cette discussion sur le trait pour montrer combien est vague et peu sûre la méthode des artistes qui procèdent dans l'exécution par le contour seulement, pour faire voir aussi le peu de solidité de tous les systèmes que l'on a formés sur la nature des lignes, des contours convexes et concaves. Il n'y a pas encore long-temps qu'on a publié dans l'étranger un traité sur les traits et les contours de l'antique. L'auteur, séduit par la beauté des contours des statues grecques, a systématisé sur des lignes, tandis que c'est sur les formes qui les produisent qu'il auroit dû raisonner.

En admettant l'anatomie et la géométrie comme bases d'un plan d'étude, il ne sera pas difficile de tracer la marche qu'on peut suivre pour l'instruction des élèves. Les exercices ostéologiques doivent précéder toute autre étude. Ainsi il faudra présenter aux élèves les différentes parties du squelette; et comme cette étude pourroit avoir quelque chose de rebutant et les dégoûter à la longue, on pourra leur faire copier de temps à autre quelques antiques, en leur faisant remarquer que la foiblesse de leurs copies vient du défaut de la connoissance des parties qni entrent dans la structure du corps humain, leur inculquant par ce moyen la nécessité d'en poursuivre l'étude avec ardeur. A l'étude de l'ostéologie succédera celle de la myologie ou des muscles; et quand l'élève connoîtra parfaitement leurs plans, leurs fonctions, leurs origines, leurs insertions, on lui fera décomposer les antiques à l'aide de ces nouvelles connoissances. La pondération ou l'équilibre, qui est si nécessaire pour le mouvement, le soutien et l'accord des parties et du tout ensemble, deviendra un objet d'étude d'autant plus nécessaire, que c'est en cela que se décèle toujours l'ignorance d'un grand nombre des modernes, et que l'art doit se fonder sur les plus rigoureuses lois de l'équilibre s'il veut arriver au vrai. L'élève n'aura pas négligé la géométrie élémentaire, qui lui facilitera la connoissance de la perspective; il aura pris aussi quelque teinture de l'histoire, se sera même adonné à la lecture des poëtes. Ainsi préparé, on le fera passer dans l'école du modèle. C'est là que le professeur instruit trouvera matière à donner des leçons; c'est dans cette école qu'il doit, l'ébauchoir ou le crayon à la main, démontrer ses préceptes en travaillant lui-même, faire sentir aux élèves qu'il y a une manière d'envisager la nature; qu'il faut, autant qu'il est possible, la voir du beau côté, étudier quelquefois ses intentions plutôt que ce qu'elle offre à la vue, parce que souvent elle a été contrariée par des accidens, et n'a pu produire comme elle auroit fait sans divers obstacles; que l'art peut la surpasser, en ce qu'étant maître de l'élection ou choix des objets, il sacrifie ce qui ne lui convient pas, laisse dominer ce qu'il a choisi, et le fixe irrévocablement, distingue avec plus de précision ce qu'elle n'a fait qu'indiquer, et obtient par-là un meilleur effet. La barbe d'un homme, par exemple, telle que nous la voyons ordinairement, n'est pas une chose très-pittoresque; cependant elle devient d'autant plus belle qu'elle est mieux disposée à la manière des Grecs. La barbe d'un vieillard n'offre guère qu'une touffe de poils; mais les sculpteurs grecs ont su la distribuer en différentes portions, et lui donner des plans qui en font un véritable ornement. Comparez la barbe élégante et vénérable d'une tête de Jupiter avec celle d'un Juif, et vous verrez combien l'art surpasse la nature. Il n'est point de partie de la figure que ne soumette une analyse exacte, et que la méthode anatomique et géométrique ne puisse embellir, agrandir et refondre comme dans un moule nouveau. Je la regarde comme le pivot sur lequel a roulé l'exécution des plus belles antiques. C'est par la théorie des rapports et des proportions qu'on pourroit expliquer comment les artistes grecs ont pu réunir en une seule figure les qualités diverses de force, de majesté, de grandeur, de délicatesse et de vélocité. L'Apollon est une figure infiniment délicate, élégante et svelte; elle est douée néanmoins d'une force capable d'attérer le gladiateur dont tous les muscles sont fortement prononcés.

Quand les élèves auront pris l'habitude de travailler d'après ces principes, l'étude du modèle ne sera plus pour eux une occupation pénible, ennuyeuse et maussade. Loin de s'écrier comme le jeune homme de Diderot, en se mettant à l'ouvrage : « Mon Dieu, délivrez-» moi du modèle ! » ils ne désireront rien tant que de l'avoir sous les yeux pour y puiser le vrai. Ils en observeront les rapports généraux, et les moindres particularités ne leur échapperont pas : ils se rendront raison de tout, parce que tout mérite d'être étudié et approfondi. Peu de personnes ont remarqué que le nez de l'Apollon n'est point droit, mais qu'il incline insensiblement vers la gauche : cette inclinaison du cartilage du nez se voit souvent dans la nature, et l'on seroit tenté peut-être de la regarder comme un défaut; mais, si c'en étoit un, l'auteur de l'Apollon auroit su l'éviter. Cette déviation de la ligne droite dans le prolongement du nez, peut provenir de certaines habitudes dans l'homme : telle est, par exemple, celle de se coucher sur le côté droit. Comme la tête repose plus fréquemment sur la joue droite, il en résulte qu'à la longue le cartilage du nez prend une direction contraire, causée par sa pression contre le bras, l'oreiller, ou tout ce qui soutient la tête dans cette position. Un nez parfaitement droit donne un petit air de dureté au visage, semblable à celui que l'on remarque dans quelques têtes de Pallas. Ne seroit-ce pas pour éviter ces nuances peu favorables au dieu des Muses, que l'artiste aura préféré d'exprimer sur son visage l'effet de ses habitudes naturelles ? Il est certain que le visage en est moins roide, qu'il acquiert plus de mobilité et plus de grâce.

On a dit avec raison que toute forme, belle

ou laide, avoit sa cause; et c'est Diderot qui débute ainsi dans ses *Essais sur la Peinture*. Mais la manière dont il explique cette proposition est plus spécieuse que solide, du moins quant à l'application qu'il en fait à l'art, dont elle tendroit même à ravaler les productions. « Un bossu, dit-il, l'est depuis la tête jusqu'aux pieds; c'est-à-dire que les parties de son corps se ressentent nécessairement du défaut principal. Jetez un voile sur la figure de ce bossu; évoquez la nature, et montrez-lui les pieds seulement : la nature dira : Voilà les pieds d'un bossu. » — Jusqu'ici, rien de plus vrai. — « Transportez maintenant ce voile, continue Diderot, sur la Vénus de Médicis, et ne laissez apercevoir que l'extrémité de son pied; et que la nature, évoquée derechef, se charge d'achever la figure : il en naîtra peut-être quelque monstre hideux et contrefait, parce qu'une inconséquence, insensible dans son principe, doit jeter la production de l'art la plus parfaite à mille lieues de la nature. » Et Diderot seroit surpris qu'il en arrivât autrement.

C'est pousser les conjectures trop loin. Je crois, moi, que la nature évoquée ne pourroit produire qu'une statue semblable à celle que nous dérobe le voile, parce qu'il est probable que les rapports de ce pied avec cette statue sont en plus grand nombre qu'avec toute autre figure vivante, hideuse ou contrefaite, dont quelque légère inconséquence dans la composition et l'exécution de ce même pied peut suggérer l'idée. Si l'existence de quelque forme hideuse se trouve provoquée par ces inconséquences imperceptibles, sa naissance sera contrariée par la masse des rapports généraux, et le monstre ne pourra naître. Il peut y avoir des inconséquences dans le pied, ainsi que dans toutes les autres parties de la figure; mais ce ne sont que des minuties qui se perdent dans le système général, d'ailleurs bien ordonné. Je sens combien on pourroit étendre cette discussion; mais je ne doute pas qu'elle ne se terminât à l'avantage de l'art, dont les productions, suivant Diderot, peuvent être à mille lieues de la nature, mais à mille lieues au-dessus, comme nous le prouvent tant de chefs-d'œuvre. Il sembleroit qu'on prenne l'art de son côté foible, quand on agite de pareilles questions: elles ne tendent, après tout, qu'à nous faire sentir que l'art n'est pas la nature, et personne ne l'ignore. On doit même avouer que, pour ce qui est de ce système de conséquences minutieuses, de convenances physiques et imperceptibles, la nature l'emportera de beaucoup sur l'art : mais en ceci il cherche rarement à être son émule ; son but est plus élevé. Ce n'est pas seulement à montrer sur une fibre, sur un nerf, sur un tendon, sur un vaisseau, les effets que produisent telles ou telles causes, que l'art aspire ; mais c'est à saisir des rapports généraux et harmonieux, à assortir de belles formes, et à les animer d'expressions choisies, pour en composer un tout dont l'effet doit être d'autant plus sublime, qu'il se sera plus dégagé des petites parties pour s'attacher à ce qui est grand.

QUATRIÈME FRAGMENT,

Ou supplément qui étoit joint au mémoire contenant quelques réflexions sur diverses propositions avancées dans le mémoire; une théorie géométrique, et une courte dissertation sur le canon ou la règle de Polyclète.

En donnant, dans ce Mémoire, un aperçu général des causes de l'excellence de la sculpture antique, je ne me suis point appesanti sur la partie qui concerne l'exécution des ouvrages grecs, parce que, comme je l'ai déjà dit, le mécanisme de l'art et son succès sont subordonnés aux causes morales. J'avois promis cependant que je parlerois des procédés suivis dans l'exécution, quand je viendrois à traiter des moyens propres à faire parvenir l'art moderne à un certain degré de perfection : ces moyens, je les ai fondés principalement sur la géométrie ou l'étude des quantités.

J'ai tâché de faire entrevoir que c'étoit à l'aide de cette science que les anciens sculpteurs avoient opéré tant de merveilles. Je crois que plus on étudiera leurs ouvrages, plus on se convaincra de la vérité de ce que j'avance. On n'a pas demandé un traité complet de l'art, qui ne sera jamais fait, tant que l'art ne sera pas parfaitement connu. Auroit-on désiré une méthode quelconque, un abécédaire de l'art, pour diriger les premiers pas de l'élève ? c'est encore dans la géométrie qu'on doit les chercher. Je ne me flatterai point de pouvoir donner à mon idée sur l'étude des quantités tout le développement dont elle est susceptible; j'avouerai même que mes connoissances dans les mathématiques ne sont pas assez étendues pour cela. Livré pendant plusieurs années à l'étude du dessin, j'ai pu m'apercevoir qu'il y avoit peu de données sûres dans le mode d'enseignement ; que souvent même, dans plusieurs écoles, toute la chaîne des leçons n'étoit qu'une suite d'erreurs, de faux principes, qui se manifestoient ensuite dans les ouvrages publics. Je n'ai point cherché à critiquer ces ouvrages; leur infériorité est trop connue : leur mérite, quand ils en ont, est relatif : et qui ne sait que les chefs-d'œuvre grecs les surpassent de beaucoup ? J'ai dit quelque chose sur le style d'imitation, qui maintenant est le plus suivi : on conviendra facilement que, quand on imite ce qui est fait, et non la manière dont on l'a fait, on ne peut guère attendre d'autres résultats que ceux que nous voyons. On a reproché quelquefois à l'antique d'être froid et maniéré ; et maintenant qu'on l'imite seulement, on a renchéri sur ses défauts vrais ou prétendus. Les anciens ont pu quelquefois paroître froids et maniérés dans l'exécution, on l'est maintenant jusque dans la pensée. La sculpture actuelle ressemble assez au latin des écoles : on a le dictionnaire, la syntaxe, les tours, les expressions, le style des différens auteurs ; nous avons du marbre, les formes, les attitudes, les groupes et des proportions de l'art grec ; et, d'une part comme de l'autre, on amalgame tout cela sans rime ni raison. Quelle est donc la situation de l'art moderne ? Placé entre ce gouffre immense, où se perdent toutes les productions imparfaites de l'esprit humain, et ce point élevé où se trouve l'art grec, et auquel il désespère d'atteindre, n'a-t-il d'autre alternative que de se précipiter dans l'un ou de se heurter sans cesse contre l'autre? Avouons-le avec douleur, la perfection de l'art moderne est problématique : elle est nulle, si on la considère dans un rapport exact et futur à l'art grec ; elle est possible peut-être, mais problématique encore, dans son rapport avec son objet, c'est-à-dire avec nos personnes, nos habitudes et notre façon de penser. La perfection de l'art moderne est nulle dans un rapport exact avec l'art antique ; d'abord parce qu'il manque du premier objet de première nécessité, le nu ; ensuite parce que nous ne penserons point comme les Grecs, et que, par une conséquence bien juste, nous ne composerons point comme eux. Ne nous faisons pas illusion, le ciseau moderne ne produira pas, dans les circonstances où nous sommes, des formes semblables à celles que nous offre l'art grec. Voudrions-nous en effet que, pour l'intérêt de la sculpture, les Français changeassent leurs mœurs? que, sous le 49ᵉ degré de latitude, ils allassent en public presque nus ? que les exercices gymnastiques fussent remis en vigueur avec l'invention des armes à feu ? Nous ne penserons point comme les Grecs, et nous ne composerons point, comme eux surtout, des sujets grecs. Je pourrois citer ici mille tableaux et sculptures de diverses écoles, qui plus ou moins prouveroient ce que j'avance.

Je me contente de rapporter une seule composition, et je le fais d'autant plus volontiers, qu'ayant été conçue avec une intention bien marquée d'approcher du style grec, si je prouve qu'elle est tout-à-fait manquée, mon principe n'en sera que plus applicable à celles où cette intention se découvrira moins. Prenons un des sujets de l'Iliade : Hector traîné par Achille autour des murailles de Troie. Gavinus Hamilton a traité ce sujet de manière à en imposer non-seulement aux novices de l'art, mais même à des personnes plus instruites. Hector, beau de forme, est traîné sur la poussière; sa tête pose sur les premiers plans; le char conduit par Automédon se précipite vers le fond du tableau; armé de sa lance et de son bouclier, Achille debout sur son char se présente dans un superbe et terrible appareil : quelques Grecs étonnés admirent les formes héroïques d'Hector. Telle est la composition de Gavinus Hamilton, belle et bonne composition moderne, qui n'est cependant que théâtrale, et n'a rien de vrai, rien de véritablement antique. En effet, comparez-la avec celle d'un petit camée du style communément appelé étrusque, et qui représente le même sujet ; pénétrez-vous bien de la poésie d'Homère ; et vous verrez combien cette dernière lui est plus analogue. Dans celle-ci, Achille est vraiment Achille, au lieu que l'Achille de Gavinus Hamilton n'est qu'un comédien. Le caractère en est faux et le geste ridicule. Convenoit-il de représenter Achille fier de sa victoire, de lui donner un air menaçant, de lui faire tenir sa lance comme s'il étoit prêt à immoler encore un autre ennemi? Hector est mort : Achille n'a plus d'ennemi à combattre. Si sa vengeance n'est pas satisfaite, c'est sur le corps de son ennemi qu'il achevera de l'assouvir. Aussi ce camée nous le représente-t-il acharné à maltraiter Hector. Il n'est point fier ; il a trop le sentiment de sa force. Il n'a point de lance ; contre qui en feroit-il usage après le trépas d'Hector? Seroit-ce pour se défendre en cas d'attaque? Mais l'artiste a-t-il oublié qu'Achille, sans armes et sans cuirasse, met en fuite les Troyens par la terreur que leur inspire son seul aspect? C'est d'un fouet dont sa main doit être armée pour exciter ses chevaux, et voilà comme Homère et le camée nous le représentent.

Ἐς δίφρον δ'ἀναβὰς ἀνά τε κλυτὰ τεύχε ἀείρας
Μάστιξεν δ'ἐλάαν, τω δ'οὐκ ἄκοντε πετέσθην,

Iliade, X.

Veut-on un exemple de foiblesse de concept en sculpture moderne ; arrêtons-nous au groupe de la Renommée du Pont-Tournant. C'est par une figure portée sur un cheval ailé, et embouchant une trompette, qu'on a cru caractériser la Renommée.

La Renommée :

Fama malum quo non aliud velocius ullum :
Cette peste, la plus véloce de toutes :

Mobilitate viget, viresque acquirit eundo.
Pour qui le mouvement est la vie, et à qui sa course prête une force nouvelle.

Parva metu primò, mox sese attollit in auras.
Foible dans son principe, et n'inspirant aucune crainte, bientôt elle s'élance dans les airs.

Ingrediturque solo, et caput inter nubila condit.
A pas de géant elle entre dans l'arène, et bientôt cache sa tête dans les nues.

On voit bien que ce n'est point là la Renommée du Pont-Tournant. Le cheval sur lequel elle est montée ralentit sa course à mes yeux : cette trompette est ignoble. Combien l'art grec n'eût-il pas su mieux l'exprimer ! Voyons ce qu'il a fait dans un autre être allégorique. La Victoire, telle que nous la représente une pierre gravée, qui peut-être a servi de cachet à quelque illustre capitaine, la Victoire est souvent douteuse; on ne sait ici à quel sexe elle appartient : ce caractère indécis est admirablement rendu ; tout son corps paroît aussi conforme à cette idée de *mobilitate viget*. Elle est nue jusqu'à la ceinture, et ce n'est pas sans raison : elle a les mains liées derrière le dos, parce que le général pour qui cette pierre a été gravée, aura su l'enchaîner. Comment peut-on, en voyant de pareils ouvrages, traiter de chimère le rapport de Pline qui nous assure qu'un des artistes dont il nous a transmis les noms, avoit composé une figure caractéristique de la légèreté et de l'inconstance, et de toutes les bonnes et mauvaises qualités du peuple d'Athènes ? C'est pourtant Falconet, homme d'esprit et artiste distingué, qui ridiculise une pareille idée.

On conviendra, je crois, qu'il est extrêmement difficile de composer dans le vrai style grec, non-seulement parce qu'il faut être très-familiarisé avec les débris de l'art antique, mais même avoir étudié et connoître à fond l'esprit des anciens auteurs. Au reste, qu'avons-nous besoin de ces éternelles représentations de sujets grecs et romains ? L'art moderne se fait un grand tort en ne prenant pas pour l'objet immédiat de son imitation des sujets qui, étant plus rapprochés de nous, nous intéresseroient davantage. Il se ferme même toute avenue à un style nouveau, style indispensable, et qui peut seul le tirer de l'état de médiocrité. Mais, ce style nouveau, dira-t-on, n'a-t-il pas été tenté par plusieurs artistes ? Les monumens élevés durant le cours de ce siècle dans presque toute l'Europe, ne déposent-ils pas contre l'inutilité de pareils efforts ? Il faut convenir que tout ce qui s'est fait jusqu'à présent est peu propre à nous donner de grandes espérances pour l'avenir : cependant ce ne peut être qu'à la mauvaise direction de ces efforts qu'on doit attribuer le peu de succès dont ils ont été suivis. Une ère nouvelle s'ouvre pour l'art. Aidé des sciences exactes, l'esprit humain s'est frayé de nouvelles routes dans plusieurs autres arts et sciences. L'art avec les mêmes secours doit s'élancer aussi hors de la sphère étroite où il a été borné. Il faut donc traiter l'art comme science. Lui donnerons-nous d'abord une métaphysique ? elle ne peut que lui être utile si elle se renferme en de certaines limites. Il conviendra de déterminer enfin ce que c'est que la beauté, ce grand objet de ses recherches, d'éclaircir les idées sur le goût, de les régler. La beauté est-elle absolue, est-elle relative? Sous lequel de ces deux rapports doit se ranger le goût, considéré comme une qualité transmise aux ouvrages de l'art d'après les types originaux de la nature? La beauté est absolue. Le goût tient aux conventions; la beauté est toute géométrique, toute proportionnelle.

Le goût, suivant l'idée qu'on attache le plus communément à ce mot, dérive souvent des circonstances, des accidens, des temps et des lieux. Une figure à la rigueur pourroit être belle et manquer de goût. On peut supposer, par exemple, que l'homme sorti des mains de la nature, s'est trouvé doué de la proportion la plus analogue au plan général qu'elle s'étoit formé en le créant. Nous admettrons, si l'on veut, qu'il n'étoit d'une stature ni trop effilée ni trop raccourcie; que tous ses membres étoient égaux, son nez bien droit, ses yeux bien justement placés sur une ligne qui auroit coupé à angles droits celle qui traverse le visage, et ainsi de toutes les autres parties de son corps qui auront été très-géométriquement rapportées. Voilà l'homme neuf; il est beau d'une beauté absolue, parce que tout chez lui est dans le plus juste rapport et la plus parfaite harmonie avec le but de son organisation.

Mais il entre sur la scène du monde, et c'est où il recevra bientôt une espèce de beauté de convention, et où cette beauté absolue éprouvera des modifications qui seront en raison de ses exercices, de ses alimens, du climat qu'il habitera, de la manière de penser qu'il se formera; et tel sera l'homme, dont le physique joindra par la suite au beau originel géométrique, un beau conventionnel et accidentel, qu'appréciera le goût, parce qu'il sentira que si les formes primordiales sont nécessaires pour l'organisation première et parfaite, les changemens et variétés qu'elles éprouvent ensuite, étant aussi une conséquence inévitable de la destination de l'espèce, ces mêmes variétés et changemens ont leur mérite respectif. C'est d'après ces principes que nous évaluerons les imperfections apparentes que présente quelquefois la nature; ces beautés qui ne plaisent pas à tous les esprits, qui ne sont pas de tous les lieux et de tous les temps. La logique de l'art ne sera pas moins utile; rien de plus vague, de moins déterminé que les raisonnemens sur l'art; le langage même en est trop peu fixe, parce que les idées ne sont pas assez claires. Certaines qualités s'attribuent indistinctement à toutes sortes de sujets. Le mot de sublime, par exemple, échappe à tout propos de la bouche des artistes et des connoisseurs. Une jambe est sublime, un pied est sublime. Sans doute que, comme parties d'un tout qui frappe par cette qualité, ces parties peuvent en avoir aussi une portion, et être à la rigueur sublimes pour un quart, sublimes pour un huitième. Mais n'est-ce pas abuser des épithètes les plus relevées, que de les prodiguer ainsi à tout propos, d'autant que par ces grands mots, signes représentatifs d'une grande idée, on cherche à louer collectivement divers effets, diverses causes, qui toutes concourent à l'existence d'une qualité extraordinaire? Mettons de la proportion en tout, notre art en a plus de besoin que tout autre; lequel a plus à faire avec l'étendue? Lequel a plus besoin de géométrie, est davantage susceptible du plus ou du moins? *Ce poco più, ce poco meno* dont on parle tant, est-il autre chose qu'une fraction? et n'est-ce pas au calcul à nous la donner? S'il nous donne le fini d'un ouvrage, à plus forte raison nous apprendra-t-il la composition des premières quantités de la figure, puisqu'elles sont plus simples et plus sensibles.

Nous considérons donc la figure comme un tout composé de différentes parties; nous le décomposons à l'aide des lignes, des plans, des figures cubiques, auxquelles ces parties peuvent plus aisément se rapporter. Nous examinerons les rapports, nous les déterminerons exactement; ce sont les rapports auxquels nous devrons nous attacher, les rapports sont tout. Sans cette théorie qui doit guider et éclairer la pratique, l'art ne s'élevera jamais; avec elle, il atteindra immanquablement au grand; sans elle, il fera mal même d'après une belle nature : avec elle, il fera bien d'après des modèles inférieurs, parce que le propre de cette théorie est de diviser savamment pour reconstruire de même, de fouiller dans les secrets de la nature, et de les mettre au jour avec avantage; d'agrandir comme je l'ai déjà dit, parce qu'en s'attachant scrupuleusement aux grandeurs et à leurs rapports, elle leur donne proportionnellement du plus ou du moins quand il convient.

La partie des proportions dans tous les livres de l'art, est celle assurément qui a été traitée avec le moins de clarté et d'étendue. Mengs, qui d'ailleurs a fait preuve de beaucoup de talens, n'a laissé sur cet objet que des idées que son commentateur le chevalier d'Azzara a trouvé si obscures qu'il n'a pu les comprendre, et qu'il s'est refusé pour cette raison à donner au public.

On établit généralement des proportions, ou plutôt des dimensions pour la longueur et la largeur, et par-là on veut fixer ce qui ne l'est pas dans la nature ; car faudra-t-il qu'un artiste s'astreigne à ces dimensions qui n'ont peut-être leur type exact nulle part? Nous convenons tous qu'un peu plus, un peu moins, dans les ouvrages de l'art, y opèrent de grands changemens ; et l'on veut me défendre de faire une figure qui ait moins de six têtes ou plus de neuf. Les Grecs, si habiles dans la proportion, ont pensé différemment; et quoiqu'on ait assez gratuitement supposé qu'ils ont toujours sacrifié l'expression et le caractère à la beauté, je citerai comme preuve du contraire, l'Hercule *bibax* ou buveur *d'Admon*, sur une pierre gravée, lequel n'a pas plus de cinq têtes et quelques parties du nez. Cette figure cependant est dans une proportion excellente relativement à son caractère général ; tous ses membres se correspondent parfaitement ; elle est un chef-d'œuvre de composition et d'exécution.

Quelle a donc pu être l'idée de l'artiste en rapetissant tellement son héros ? Il avoit à représenter un Hercule vicieux, un Hercule bibax ou buveur ; et c'est en conservant dans sa figure tout ce qui constitue un Hercule, mais en soumettant ces formes herculéennes à des proportions rapetissées, qu'il en a fait un être avili : effet surprenant de l'art grec, effet incroyable, qui laisse entrevoir combien l'art est étendu et quelles sont ses immenses ressources !

Il semble qu'il n'y a pas de règle fixe pour les proportions, que le goût seul doit y présider, et que l'artiste doit les calculer d'après les données qu'il a déjà obtenues pour les effets à produire. Ainsi, les proportions mêmes des belles antiques ne peuvent faire loi, parce qu'elles sont individuelles : elles sont excellentes pour les figures auxquelles elles sont adaptées, parce qu'elles constituent ces mêmes figures ; mais elles ne peuvent à la rigueur s'appliquer à d'autres.

Le grand défaut, en traitant des proportions, a été jusqu'à présent de prendre, pour mesurer une figure, la longueur de la tête seulement, qu'on a regardée comme unité; les parties de la tête comme fractions, et les parties de ces parties comme fractions de fractions : par ce moyen, on n'a établi d'autre rapport distinct que celui de la tête à toute la figure, ou des parties de la tête aux parties de la figure. On a dit, par exemple : la largeur des épaules, dans la femme, sera d'une longueur et demie de tête; celle des hanches, de deux longueurs : outre cela, on n'a considéré la proportion que linéairement, en longueur pure, et largeur pure ou longueur transversale, abstraction faite même de tous plans; au lieu qu'on devoit l'envisager cubiquement.

Ayant donc à dessiner une figure à la dédale, c'est-à-dire dans l'attitude la plus droite, la plus simple, et avec le moins de mouvement possible; pour plus grande facilité, voulant commencer à établir les premiers rapports de longueur, je me dirai, en considérant mon modèle : La longueur de la tête est, à celle de tout le corps ou du reste du corps, comme telle ligne ou tel nombre est à telle autre ligne ou tel autre nombre; et je m'exercerai à tracer des lignes qui seront dans un rapport semblable. La longueur du tronc, prise depuis un point donné jusqu'à tel autre point, est, à la longueur de telle autre partie, comme tel nombre à tel autre nombre; celle des bras, des jambes, etc., ou d'une de leurs parties, est, aux longueurs déjà rapportées ou à rapporter, comme tels nombres à tels autres nombres, telles lignes à telles autres lignes. Je déterminerai ces rapports, je fixerai ces longueurs dans les plus petits détails; non-seulement je comparerai les parties entre elles, mais aussi chacune des parties séparément avec le tout. J'acquerrai par-là une grande facilité pour diviser proportionnellement; je tiendrai compte, autant que possible, des moindres fractions, parce que, voulant mesurer, je dois être exact. Ayant ainsi scrupuleusement déterminé les longueurs, j'ai obtenu par-là l'axe de ma figure, l'axe du tout et de chacune de ses parties.

J'applique de nouveau la théorie des proportions aux largeurs ou longueurs transversales, et je me dis : La ligne qui traverse les épaules est, à celle des hanches, comme tel nombre est à tel autre nombre; celle du cou à la tête, du front au nez, du nez à la bouche, du genou à la cheville, de la plus grande à la plus petite, etc., etc., comme tels nombres à tels autres nombres. Si l'antécédent d'un premier rapport est plus grand que son conséquent, l'antécédent de l'autre est également plus grand que son conséquent (*et vice versâ*); les antécédens peuvent être moindres, et les conséquens plus grands. Les nombres, qui représentent ici les lignes ou longueurs, me les font évaluer avec plus de justesse.

Voilà donc comment je voudrois qu'on mesurât les antiques; car, quand on me dit que l'Apollon a tant de têtes, que son cou a tant de nez, ses yeux tant de minutes, que m'apprend-on? Rien; sinon un rapport isolé, qui ne tient point à l'ensemble, qui ne le constitue point, et qui ne fait que me charger la mémoire d'un détail fastidieux et inutile : c'est comme si, dans les nombres, voulant traduire la proportion 7 : 14 : : 11 : 22, je disois : il y a, dans l'antécédent du premier rapport, 7 fois 1; il se trouve 14 fois dans le conséquent : l'unité est contenue 11 fois dans l'antécédent du second rapport, et 22 fois dans son conséquent : ce ne seroit plus qu'énumérer, et rapporter une aliquote commune à tous les nombres, sans faire sentir la proportion.

Ce sont les rapports qu'il nous faut chercher à établir, en faisant une figure : il faut tellement se pénétrer de cette idée, qu'elle ne nous quitte jamais en composant ou en travaillant. Le principe une fois admis, on reconnoîtra que ces rapports pouvant être variés à l'infini, et l'étant effectivement dans la nature, on ne peut, comme nous l'avons dit, établir des règles fixes pour la proportion : on verra même que la proportion découle peut-être de cette partie de la métaphysique de l'art qui traite du goût et de la beauté conventionnelle et accidentelle. On jugera, par analogie, que les Grecs ayant des figures de divers caractères à créer, ont cherché ces rapports dans différens sujets, les ont divisés, composés et soustraits proportionnellement, suivant l'idée qu'ils ont voulu imprimer par leurs ouvrages; et qu'ils ont d'autant mieux réussi, que ces rapports ont été plus justes, plus vrais, plus détaillés, plus savans, et mieux formés en raisons composantes d'un tout.

Mais, jusqu'ici, nous n'avons considéré que les rapports de longueur, de longueur en divers sens, et nous avons par-là établi les premiers fondemens de la figure; maintenant, il faut l'envisager sous les rapports cubiques. J'assimile, autant que faire se peut, les principales quantités à de grands cubes, ou à des figures qui approchent du cube, préférant cette forme à toute autre, parce qu'elle est plus simple, et me donne de plus prompts résultats, qu'elle cadre mieux avec les lignes ou premières longueurs déterminées qui sont les produisans des solides avec lesquels nous allons construire ; mais comme il seroit extrêmement long et difficile de former des rapports exacts des solides, que c'est plutôt l'affaire du géomètre qui tient le compas, que de l'artiste qui manie le ciseau ou le crayon, on se contentera des premiers rapports de longueur, ou du moins, si l'on fait des rapports des solides, on ne les vérifiera pas par le calcul, mais on cherchera seulement à les saisir, et à en approcher par la seule force de l'esprit, et à l'aide de l'imagination, en se disant, par exemple : Le parallélipipède de la tête est, à celui du tronc, comme tel nombre ou telle quantité plus simple et mieux connue est à tel autre nombre ou telle autre quantité ; et ainsi de toutes les autres parties de la figure, qui pourront toutes, en tant qu'elles ont un caractère distinct, être exprimées par des cubes, des parallélipipèdes ou des formes qui en approchent. Les plus grandes quantités de la figure étant ainsi exprimées, on en viendra aux détails, et on leur appliquera la même méthode : ainsi, dans la tête, le front sera distingué par des bandes un peu saillantes, en formes carrées; il en sera de même pour l'origine du nez, son milieu, son extrémité ou cartilage. L'anatomie nous apprendra quelles sont les parties, les apparences quelconques auxquelles nous devons appliquer cette méthode, pour leur donner plus de valeur et les mettre en évidence. Comme je l'ai déjà dit dans le cours du Mémoire, l'anatomie nous initie aux secrets intentionnels des formes, et la géométrie les fait exister de nouveau dans l'art : car il faut bien remarquer que rien n'est mis dans le corps humain sans raison; en sorte que si on néglige de se rendre raison des raisons, qu'on passe certains détails comme inutiles, je demande ce que l'on mettra en place. Je sais bien qu'il est des détails dont l'art a moins de besoin, tels que ceux des plis de la peau, et autres semblables; mais ces derniers sont accidentels, au lieu que les premiers sont essentiels.

Si l'on suppose, par exemple, que l'auteur de l'Apollon, ayant remarqué dans le front de ses modèles diverses bandes parallèles et convexes, eût négligé de les exprimer, et qu'il eût fait de son front une voûte uniforme et convexe, le front de son Apollon n'eût plus été ce qu'il est, un front à triple étage, un front haut, grand, varié et penseur. Ainsi ces apparences, ces intentions de la nature, ces moindres comme ces plus grandes quantités dont elle a composé le corps humain, viennent se ranger en ordre dans les ouvrages de l'art, et préparer l'imitation la plus exacte et la plus solide, à l'aide d'une méthode qui, rapportant toutes ces grandeurs à des lignes, à des formes carrées ou approchant du cube, nous fait connoître plus aisément et les rapports qu'elles ont entre elles et ceux qu'elles ont au tout ensemble.

Ce seroit peut-être ici le lieu de dire quelque chose de la figure de Polyclète. En hasardant mes conjectures sur cette production célèbre, je ne me dissimule point combien, avec le peu de données que nous trouvons dans les auteurs anciens, il est difficile de former des systèmes ou de découvrir ceux de l'art grec dans ses différentes branches. Je sais encore que nous ne sommes tous que trop enclins à profiter d'un passage quelconque, d'un mot même pour étayer nos idées. Cependant, quand un rapport frappant se présente à nous, nous ne devons pas le négliger, et de deux erreurs je préférerai celle de celui qui se trompe en cherchant la vérité, à celle de celui qui, loin même de la supposer, en regarde toutes les apparences comme illusoires, et les travestit en défauts. C'est ainsi que s'est montré Falconet dans sa note sur Polyclète.

Polyclète avoit fait une figure que les artistes appelèrent le *Canon* ou la *Règle*, et qu'ils étudioient tous à l'envi. Quelle a pu être cette figure, cette règle ? Ma première idée, en lisant ce passage, fut que cette règle étoit une figure harmonique ou de proportions. Mais la difficulté est de concevoir comment une seule figure a pu servir de règle pour la proportion ; car si elle exprimoit les proportions de l'âge mûr, elle ne pouvoit exprimer celles de l'adolescence : d'ailleurs elle ne pouvoit pas convenir à tous les caractères, à un Mercure par exemple, et à un Hercule.

Un professeur habile pensoit que cette difficulté pouvoit être levée, en supposant que le Canon ou la Règle étoit une série de figures pour divers âges et divers caractères, qui toutes auront été comprises sous la dénomination unique de Règle, comme il arrive souvent, dans les autres arts et sciences, de comprendre plusieurs objets distincts sous un seul nom. Cependant les paroles de Pline semblent combattre cette idée ; car, après avoir parlé du Doryphore et d'autres, il dit : *Fecit et quem artifices canona vocant;* ce *quem* au masculin indique une autre figure mâle, ce qui supposeroit qu'il n'y avoit point de figures de femme qu'il nous faudroit admettre dans l'autre hypothèse. S'il y eût eu plusieurs figures, Pline n'eût-il pas dit : *Fecit et quos* ou *et quas*, en parlant de statues ; il auroit pu même conserver le mot de canona au singulier, comme collectif. Mais je ne tiens que médiocrement aux inductions que l'on peut tirer de l'arrangement des mots ou de la valeur d'un singulier et d'un pluriel ; c'est à l'idée de proportions que je reviens. Je crois donc qu'en regardant cette figure comme une, elle a dû être une moyenne proportionnelle entre les différens caractères, une figure toute harmonique, conforme à-peu-près à l'idée que j'ai donnée plus haut d'un homme sorti fraîchement des mains de la nature ; une figure dont les rapports et les nombres n'auront eu ni trop ni moins.

Mais, indépendamment de cette idée, les paroles de Pline semblent encore nous en suggérer d'autres ; *fecit et quem artifices canona vocant, lineamenta artis, velut à lege quâdam ex eo petentes* : il a fait et celui que les artistes appellent la règle, d'où ils tirent, comme d'un code de l'art, les principes de l'art même. Ce mot de *lineamenta* veut dire assurément les principes, les premiers traits, la première ébauche des ouvrages de l'art. Voyez ensuite ce qu'ajoute Pline : *solusque hominum artem artis opere fecisse judicatur;* et le seul des hommes il est jugé avoir fait l'art par le secours de l'art. Cela ne veut-il pas dire, avoir montré par un ouvrage de l'art, comment il faut s'y prendre pour opérer dans l'art? Or, si l'on me passe cette explication, voici ce que j'ajouterai à ma première idée d'une figure moyenne proportionnelle. Cette règle de Polyclète aura pu encore, par la façon dont elle étoit exécutée, montrer aux artistes la manière de faire une statue ; et cette manière aura pu être fondée sur l'étude des quantités, qu'il aura rendues, comme nous l'avons expliqué plus haut, par des formes carrées. Pline vient encore à l'appui de cette présomption ; car il dit qu'on reprochoit cependant à Polyclète de faire ses figures carrées : *Quadrata tamen ea fuisse tradit Varro.* Varron cependant rapporte qu'elles étoient carrées ; *et pene ad unum exemplum,* et presque toutes comme si elles eussent été prises sur le même modèle. C'étoit là son style. Cet artiste, qui le premier avoit trouvé les principes d'une méthode solide, les faisoit trop sentir dans ses ouvrages, ce qui lui aura attiré le reproche d'être tombé dans un style carré. Ses successeurs ou contemporains, en profitant de sa découverte, lui auront donné toute la perfection dont elle étoit susceptible ; et comme elle étoit bien fondée, puisqu'elle reposoit sur les premiers élémens de la géométrie, en lui appliquant les parties plus relevées de cette science, ils lui auront donné son complément. Ainsi ce sera à l'étude et à la connoissance des courbes qu'ils auront dû ce perfectionnement. La courbe n'étoit pas nécessaire pour déterminer tel ou tel caractère de figure ; les quantités cubiquement et proportionnellement rendues suffisent pour cela, puisqu'on distingueroit toujours fort bien un Apollon d'un Hercule ou d'une Vénus, rendus, construits et préparés de cette manière : tant il est vrai que ce sont les rapports et proportions qui constituent essentiellement le caractère général. Mais il faut un fini à la figure : cette multitude de formes cubiques doivent se résoudre, se fondre en une courbe qui en fera la liaison. Cette courbe sera d'autant plus parfaite qu'elle aura plus d'analogie avec les quantités proportionnelles qu'elle embrasse. Or, comme les rapports et les proportions varient dans les divers caractères, la courbe doit varier aussi. Ainsi, la courbe du Torse ne sera pas celle de l'Apollon, celle de l'Apollon ne sera pas celle du Gladiateur. La courbe qui préside à l'Apollon, non-seulement est plus épurée et plus élégante que celle qui circonscrit le Gladiateur, mais elle est même plus solide; elle concourt donc pour sa part à ce caractère d'élégance et de force divine dont l'Apollon est doué en une proportion supérieure au Gladiateur. Pour la force, cela pourroit paroître paradoxal; cependant on s'en convaincra, si l'on veut remarquer que c'est moins le prononcé des parties et le débordement des quantités, que leur combinaison particulière en de savans rapports, qui doit constituer cette qualité ainsi que tant d'autres. Mais quelle va être la condition de nous autres Français et des modernes en général? Privés de la vue constante d'une nature belle et toujours en action, nous allons analyser et subtiliser, créer et détruire des systèmes, pour nous rendre raison de ce que les Grecs ont fait peut-être sans effort. Ah ! mille fois mieux vaudroit-il nous jeter dans les bras de la nature ; mais elle est voilée pour nous : la mode, dont l'empire est si mobile et le sceptre si léger pour tous autres que les artistes, étend sur eux une verge de fer, et tyrannise l'art, parce que l'art la menace.

BIBLIOTHEQUE NATIONALE DE FRANCE

www.ingramcontent.com/pod-product-compliance
Lightning Source LLC
Chambersburg PA
CBHW070202230526
45471CB00002B/779